BEI GRIN MACHT SICH IHR WISSEN BEZAHLT

- Wir veröffentlichen Ihre Hausarbeit, Bachelor- und Masterarbeit

- Ihr eigenes eBook und Buch - weltweit in allen wichtigen Shops

- Verdienen Sie an jedem Verkauf

Jetzt bei www.GRIN.com hochladen und kostenlos publizieren

Soziologische Grundlagen. Soziales Handeln nach Max Weber, Soziale Gruppen und die OECD-Studie

Melanie May

Bibliografische Information der Deutschen Nationalbibliothek:

Die Deutsche Nationalbibliothek verzeichnet diese Publikation in der Deutschen Nationalbibliografie; detaillierte bibliografische Daten sind im Internet über http://dnb.d-nb.de abrufbar.

ISBN: 9783346870186
Dieses Buch ist auch als E-Book erhältlich.

Druck und Bindung: Books on Demand GmbH, Norderstedt Germany
Gedruckt auf säurefreiem Papier aus verantwortungsvollen Quellen

Das vorliegende Werk wurde sorgfältig erarbeitet. Dennoch übernehmen Autoren und Verlag für die Richtigkeit von Angaben, Hinweisen, Links und Ratschlägen sowie eventuelle Druckfehler keine Haftung.

Das Buch bei GRIN: https://www.grin.com/document/1356163

Einsendeaufgabe

Alternative A

Modulprüfung Online abgegeben am: 03.04.2023

Modul: Soziologische Grundlagen der Sozialen Arbeit

Studiengang: Soziale Arbeit (B. A.)

Inhaltsverzeichnis

Abkürzungsverzeichnis

OECD:	Organisation für wirtschaftliche Zusammenarbeit und Entwicklung
BAMF:	Bundesamt für Migration und Flüchtlinge
BA:	Bundesagentur für Arbeit
FIM:	Flüchtlingsintegrationsmaßnahmen
UMF:	unbegleitete minderjährige Flüchtlinge
AZR:	Ausländerzentralregister

1. Soziales Handeln nach Max Weber

Genderhinweis: Aus Gründen der besseren Lesbarkeit wird in dieser Hausarbeit auf das Gendern verzichtet. Gemeint sind stets alle Geschlechter.

Für die Soziologie ist der Begriff des sozialen Handelns von wesentlicher Bedeutung. Als Wissenschaft soll sie „Phänomene und Prozesse der sozialen Wirklichkeit erfassen und erklären".[1] Maßgeblich wurde dieser Begriff von Max Weber geprägt. Aufgrund dessen möchte ich zuerst auf diese Person selbst eingehen, bevor ich das soziale Handeln näher definiere und beschreibe.

Max Weber heißt mit vollem Namen Maximilian Carl Emil Weber. Er wurde in Erfurt in Thüringen am 21. April 1864 geboren. Damit war er das erste Kind von Dr. jur. Max Weber sen. und Helene Weber, geb. Fallenstein. Das Ehepaar hatte weitere sieben Kinder, darunter Alfred Weber (1868-1958), dieser wirkte ebenfalls als Soziologe.[2] Max Weber studierte ursprünglich Rechtswissenschaft und war bekannt als Nationalökonom. Er setzte sich schon sehr früh mit soziologischen Themen auseinander.[3] Mittlerweile ist Max Weber in der Literatur aus den Bereichen der Soziologie, Politikwissenschaften, Ethnologie, Volkswirtschaftslehre, Geschichtswissenschaft, Rechtswissenschaft und Religionswissenschaft nicht mehr wegzudenken. Seine Werke haben maßgeblich die genannten Wissenschaften beeinflusst.[4] Nach Max Webers Tod im Jahre 1920, wurde sein letztes Werk „Wirtschaft und Gesellschaft" veröffentlicht. Heute gilt er als Begründer der sogenannten „Verstehenden Soziologie".[5] In seinem Buch „Wirtschaft und Gesellschaft" wird dies, genauso wie seine Promotion in Jura, gleich am ersten Paragrafen im ersten Kapitel deutlich – durch die Nutzung von Paragrafenzeichen und die Formulierung der Definition von Soziologie.[6] Hier nimmt Weber unter anderem Bezug auf den Begriff des „sozialen Handelns". Im weiteren Verlauf der Aufgabe wird dieses „soziale Handeln" im Speziellen nach Weber definiert und beschrieben.[7]

Nach Max Weber soll die Wissenschaft der Soziologie, soziales Handeln deutend verstehen. Es soll den Ablauf von sozialem Handeln erklären und seine Wirkungen kausal beschreiben. „Handeln" soll hier ein menschliches Verhalten, einerlei ob äußerliches oder innerliches, Unterlassen oder Dulden heißen.[8] Weber umfasst in der Wissenschaft

---

[1] *Korte/Schäfers* (2016), S. 12.
[2] *Käsler* (2014), S. 16.
[3] *Abels* (2020), S. 55.
[4] *Käsler* (2014), S. 7.
[5] *Roggenthin* (2017), S. 12.
[6] *Abels* (2020), S. 55.
[7] *Abels* (2020), S. 55.
[8] *Weber* (2019), S. 7–8.

vom menschlichen „Sich-Verhalten", all die Wissenschaften von geistigen sowie ge-
sellschaftlichen Zusammenhängen. Dabei meint er die gesamte Bandbreite vom Den-
ken, über den psychischen Habitus (= Produkt von Klassen und milieuspezifische Sozialisation, Erzeugungsprinzip von Lebensführung, Werthaltung, Ziele und Möglichkeiten.),[9] bis hin zu seinem konkreten Handeln.

Um soziales Handeln als solches zu erfassen und zu erklären, genüge es nämlich
nicht, das Verhalten von Menschen zu beobachten. Der Sinn und die Sozialorientiertheit des Handelns müssen ebenfalls, deutend, verstanden werden.[10]

Das ist nicht immer einfach, denn der „Sinn" – ein Grundbegriff der verstehenden Soziologie, um die Besonderheiten des menschlichen Handels zu charakterisieren [11] -ist
selten eindeutig zu erkennen. Nach Max Weber gibt es eine eindeutige Grenze zwischen reinem Sich-Verhalten und dem Handeln als Sich-Verhalten, das mit einem subjektiven Sinn verbunden ist.[12] Dieser kann sehr abweichend sein, da eine Handlung
nicht objektiv sinnvoll sein muss. Dadurch wird eine Interpretation notwendig[13]. Nicht
selten kommt es vor, dass sich die handelnde Person diesem „Sinn" selbst gar nicht
bewusst ist,[14] dies erschwert ebenfalls das Verstehen der Sozialorientiertheit.
Ergänzend zu der Definition des sozialen Handelns schreibt Weber: „Nicht jede Art von
Berührung von Menschen ist sozialen Charakters, sondern nur ein sinnhaft am Verhalten des Anderen orientierten eigenen Verhaltens".[15] Somit wäre der Zusammenstoß
von zwei Individuen, die nicht auf den Weg achteten, kein soziales Handeln - auch
nicht wenn Person (A) beim Stolpern einer anderen Person (B) auf den Fuß tritt. Dennoch kann es passieren, dass ihm Person (B) eine Absicht, also eine soziale Handlung
mit subjektivem Sinn beim „auf den Fuß" treten unterstellt. Dabei war es kein soziales
Handeln, sondern ein reines Versehen. Die Entschuldigung oder die Erkundigung im
Nachhinein, ob alles gut ist, wäre wiederum ein soziales Handeln. Aber auch wenn sich
Person A dazu entscheidet sich nicht zu entschuldigen, weil Person B ihn so böse an-
geschaut hat, haben beide Beteiligte, ohne miteinander zu sprechen sozial gehandelt.
Die reine Mimik oder ein Unterlassen ist soziales Handeln, soweit es einen subjektiven
Sinn hat und sich auf eine andere Person bezieht.

Für den Beobachter ist der Sinn hinter den Handlungen, reine Vermutung, die nicht
durch unmittelbare Beobachtung geprüft werden kann. Der Beobachter kann das

[9] *Schimank* (2020), S. 955.
[10] *Korte/Schäfers* (2016), 24 ff.
[11] *Korte/Schäfers* (2016), S. 41.
[12] *Weber* (1922).
[13] *Roggenthin* (2017), S. 84.
[14] *Pries* (2019), S. 65.
[15] *Weber* (1922).

Spektrum an Möglichkeiten eines subjektiven Sinnes für das Handeln des Akteures nicht überschauen. Die Absicht des Akteures kann viel mehr weit über das, was der Beobachter an Verhalten registriert, hinausreichen.[16]

Soziales Handeln, wird im alltäglichen Sprachgebrauch häufig mit nettem, hilfsbereitem, zuvorkommendem, aber auch uneigennützigem Handeln gleichgestellt. Dies trifft aber nicht auf das soziologische Verständnis dieses Begriffs zu.[17] Das Wort „sozial" stammt aus dem Lateinischen, vom Wort „socius" und bedeutet so viel wie „Gefährte".[18] Soziales Handeln aus der soziologischen Sicht, ist also zwischenmenschliches und sinnhaftes Handeln. Somit bewusst oder unbewusst auf Mitmenschen bezogen und trägt meist einen subjektiven Sinn.[19] Es orientiert sich nicht immer nur an der Gegenwart, sondern auch an Vergangenheit und der Zukunft. Beispielsweise Rache für etwas, das vor einigen Wochen passiert ist. Nach Weber kann es sich genauso um bekannte oder auch unbekannte, sowie mehrere Mitmenschen handeln.[20]

Um diese Komplexität etwas zu differenzieren, unterscheidet Weber vier Motivlagen des Handelns: zweckrationale, wertrationale, traditionale und affektuelle Bestimmungsgründe[21]. Es gilt zu beachten, dass reales Handeln sich selten nur einer Art orientiert, meist stellt es einen Mischtyp aus den genannten „reinen Typen" dar.[22]

Zweckrational handelt der, der Sinn, Mittel und Nebenfolge der Handlung einschätzt, sich an diesen orientiert und Mittel gegen Zweck, Zweck gegen Nebenfolge abwägt. Die optimal erscheinende Handlung wird gewählt und somit vernunftgeleitet gehandelt. Beispielsweise wenn es um die Berufsausbildung geht: Um anschließend bessere Berufschancen zu haben, würde eine Person eher ein wissenschaftliches Studium vorziehen, anstelle einer anderen Ausbildung, obwohl diese von kürzerer Dauer wäre.[23] Während dieses zweckrationale Handeln ausdrücklich an Erfolgsaussichten spezifischer eigener Zwecke ausgerichtet ist, orientiert sich wertrationales Handeln bewusst an einem unbedingten Glauben. Wer wertrational handelt, agiert ohne Rücksicht auf absehbare Folgen, sondern im Dienst seiner Überzeugung. Das soziale Handeln wird primär von Geboten oder Richtlinien gesteuert.[24] Nicht selten ist diese Art des Han-

[16] *Schneider* (2008), S. 25.
[17] *Roggenthin* (2017), S. 19.
[18] *Pries* (2019), S. 23.
[19] *Pries* (2019), 80 ff.
[20] *Weber* (1922).
[21] *Pries* (2019), S. 66.
[22] *Weber* (1922).
[23] *Pries* (2019), S. 66.
[24] *Pries* (2019), S. 66.

delns mit absoluter Folgsamkeit verknüpft. Beispiele dafür wären religiöses, umweltbezogenes oder soldatisches Handeln auf Befehl.[25]

Traditionales Handeln findet gewohnheitsmäßig statt, nach bewährten Mustern, da die Person es nicht anders kennt und schon immer so handelt. Es stellt eingelebtes, alltägliches handeln dar[26]. Nach Weber ist es oft nur ein „Reagieren auf gewohnte Reize".[27] Daher ist es nicht immer ersichtlich, ob traditionales auch als sinnhaftes Handeln bezeichnet werden kann.

Sowie das traditionale Handeln, steht auch das affektuelle Handeln an der Grenze zum reinen Sich-Verhalten.[28] Das affektuelle Handeln ist sehr emotional und geschieht aus einer Gefühlslage heraus, deshalb an der Grenze dessen, was als sinnhaft gilt. Der Akteur handelt hier, ohne zu reflektieren oder rationalisieren. Sein Handeln gleicht einem Gefühlsausbruch oder einer ungehemmten Reaktion auf eine gewisse Situation oder auch Geschehnis. [29] Hier kann ich das vorherige Beispiel der Rache verwenden, die handelnde Person handelt hier ebenfalls aus einem Affekt. Häufig kommt es im Anschluss vor, dass der- oder diejenige seine Reaktion im Nachhinein bereut, weil es andere bzw. bessere Handlungsalternativen geben würde. Im Augenblick des Vorgehens wird dies aber nicht bedacht.

Soziale Handlungen sind die Grundlage sozialer Interaktionen und Beziehungen. Soziale Beziehungen sind das Resultat der beschriebenen sozialen Handlungen. Wenn auf die soziale Handlung einer Person, die einer anderen Person folgt, die ihre Handlung auf das Soziale der ersten Person ausrichtet, kommt es zu einer Interaktion. Wenn diese Reziprozität von Interaktionen fortbesteht, können wir von einer sozialen Beziehung sprechen. Weber meint, wenn die Handlung sich auf das Verhalten des anderen bezieht und sich daher an dessen Ablauf orientiert, dann bewirkt die soziale Handlung in der Interaktion etwas, dem die Bedingung vorausgeht für weiteres Handeln. Dabei setzt jeder Beteiligte eine bestimmte Einstellung oder Sinnhaftigkeit beim Handeln des anderen voraus, ohne tatsächlich mit Sicherheit zu wissen aus welcher Einstellung der Interaktionspartner eigentlich handelt. Unsere eigenen Handlungen sind wiederum auf diese vermutete Sinnhaftigkeit ausgerichtet. Weber erklärt unsere Interpretation der Bedeutung anderer Handlungen damit, dass es in den jeweiligen Kulturen durchschnittliche bzw. übliche Annahmen über Verhalten bzw. Handeln der Dazugehörigen gibt.[30]

---

[25] *Roggenthin* (2017), S. 20.
[26] *Pries* (2019), S. 66.
[27] *Weber* (1922).
[28] *Pries* (2019), S. 66.
[29] *Pries* (2019), S. 66.
[30] *Abels* (2020), 62 ff.

2. Soziale Gruppen

Im zweiten Kapitel wird erläutert, was die Soziologie unter sozialen Gruppen versteht. Danach folgt eine Übertragung auf die Tätigkeit von Sozialarbeiter innerhalb der stationären Jugendhilfe.

Das Leben in einer Gruppe ist eine menschliche Basiserfahrung. Ab dem Punkt der Geburt leben Menschen im Normalfall in Gruppen, wie zum Beispiel in der kerneigenen Familie.[31] Unter dem Begriff „soziale Gruppe" versteht sich ein soziales Verflechtungsgefüge aus Menschen, die zusammenleben oder sich regelmäßig treffen. Dieses Verflechtungsgefüge ist von einer entsprechenden Überschaubarkeit von Mitgliedern gekennzeichnet: Gruppen beinhalten mindestens drei Personen. Die „soziale Gruppe" zeichnet sich außerdem durch Interaktion, Dauerhaftigkeit und einem Wir-Gefühl, einer kollektiven Identität aus. Nebenbei gibt es in diesen Gruppen mehr oder weniger spezifische Mitgliederregeln, wie geltende Norme und Werte.[32] Wie jedes Individuum, nehmen hier auch die Mitglieder einer Gruppe, eine gewisse Rolle ein. Hier versteht sich die „Rolle" als Verhaltensausschnitt, sie beschreibt ein Verhalten des Rolleninhabers in einer bestimmten Situation.[33] Diese Rollen haben Bezug zueinander sowie Kommunikation- und Interaktionsprozesse. Eine Gruppe ist klar definiert, die Anzahl der Gruppenmitglieder ist bestimmt und ein gemeinsames Gruppenziel wird verfolgt.[34] Allerdings gleicht nicht jede menschliche Zusammenkunft einer sozialen Gruppe. So gelten Reisende im Flugzeug zum Beispiel nicht als soziale Gruppe, auch wenn diese dasselbe Endziel hätten. Hier fehlen aber gewisse Konstitutionsbedingungen einer sozialen Gruppe, wie zum Beispiel die Regelmäßigkeit der Interaktion. Für die räumliche sowie zeitlich begrenzte Menschenansammlung, bei der die Individuen anonym bleiben (wie im Beispiel mit den Reisenden im Flugzeug) verwendet die Soziologie den Begriff „Soziales Aggregat".[35] Soziale Gruppen lassen sich also ganz klar differenzieren von einem Sozialen Aggregat.

Gruppen haben, im Gegensatz zu Einzelpersonen, eine viel größere Handlungsfähigkeit, ebenso ein stärkeres Durchsetzungsvermögen gegenüber der sozialen Umwelt. In diesem Zusammenhang wird der Begriff „geballte Macht" verwendet, da Gruppenmitglieder ihre Kräfte vereinen, um so gemeinsam ihr Ziel zu erreichen. Daher sind Gruppen meist erfolgreicher, als das einzelne Individuum - ganz nach dem Motto „gemein-

---

[31] *Klein* (2022), S. 10.
[32] *Pries* (2019), S. 126.
[33] *Klein* (2022).
[34] *Korte/Schäfers* (2016), S. 157–158.
[35] *Endruweit* (2014), S. 12.

sam sind wir stark".[36] Der US-Amerikanische Soziologe, James Samuel Coleman (1926-1995) sprach von „korporativen Akteuren", die „Ressourcen vieler individueller Akteure zusammenlegen und so gebündelt ungleich schlagkräftiger auftreten können, als wenn jedes Individuum für sich handeln würde".[37] Voraussetzung für diese potenzierende Handlungsermächtigung ist, dass sich die einzelnen Teilnehmer der Gruppe an bestimmte Regeln halten, da nicht jeder in der Gruppe, das tun kann, was er für richtig hält. Schimank (2020) formuliert dies unter: „eine Gruppe, sollte nur mit einer Stimme sprechen, um einen Erfolg zu erzielen".[38] Diese Rollenposition ist relevant, sie hat Einfluss auf das Handeln der einzelnen Mitglieder und übt zu gleich Konformitätsdruck aus. In jeder Gruppe gibt es Normen, die wie eine Art Handbuch anzusehen sind um den Gruppenmitgliedern vorzuschreiben, wie diese zu handeln haben um Gruppenziele zu erfüllen.[39] Jedoch bestehen Gruppen aus nichts anderem als aus Individuen, die Bedürfnisse und Interessen haben, oder auch im Laufe der Gruppendynamik sich neu entwickeln. Diese können von den Normen der Gruppe abweichen und somit ist die Normkonformität häufig nicht von Dauer.[40] Eine Gruppe, die über einen längeren Zeitraum besteht, spricht häufig von einem „Wir-Gefühl", wie eine gemeinsame Identität, da sich die Gruppenmitglieder, wie eine ganzheitliche Einheit fühlen. Sie erleben ein starkes Gefühl des Zusammenhalts. Dadurch sind sie zum einem, voneinander abhängig und somit aufeinander angewiesen, weshalb ein Vertrauen innerhalb der Gruppe erwartet wird. Zum anderen grenzen sie sich somit bewusst von anderen Individuen ab.[41]

Charles Horton Cooley (1864-1929), ein Pionier der US-Amerikanischen Soziologie, unterschied zwischen Primär- und Sekundärgruppen. Da sich diese beiden Typen aber durchaus häufig im Alltag vermischen, sollte dies nicht absolut gesetzt werden. Daher wird diese Unterteilung nur aus analytischen Gründen genutzt, damit sie bestimmte soziale Dimensionen hervorhebt, die sonst nicht trennscharf erkennbar sind.[42]

Unter Primärgruppe auch „Primary Groups", im Englischen, versteht Cooley, dass der Mensch als Ganzes involviert ist, eine enge persönliche Bindung aller Mitglieder liegt vor, sowie eine starke Funktionsbindung der Einzelnen vorhanden ist.[43] Dazu zählen die Familie, Peer-Group (Gruppe der Gleichaltrigen) und das engere soziale Umfeld, wie Nachbarn. Als primär betitelt, weil sie dem Einzelnen „die früheste und komplettes-

---

[36] *Schimank* (2020), S. 322–323.
[37] *Schimank* (2020), S. 323.
[38] *Schimank* (2020), S. 325.
[39] *Schimank* (2020), S. 326.
[40] *Schimank* (2020), S. 326.
[41] *Schimank* (2020), S. 324.
[42] *Roggenthin* (2017), S. 25.
[43] *Pries* (2019), S. 126.

te Erfahrung vom sozialen Ganzen" (Cooley,1909, S.24) vermitteln würden. Hier herrscht eine enge „face-to-face"-Beziehung, sowie kontinuierliche Interaktion. Schimank definiert dies unter: „mit besonders engen persönlichen Kontakten".[44] Werte und Normen die, diese Art von Gruppe vermittelt, bleiben den Individuen – fast - ein ganzes Leben lang erhalten.[45] Primary-Groups können Menschen in den meisten Fällen nicht selbst auswählen oder einfach verlassen, wie am oberen Beispiel der Familie zu erkennen ist. Einzelne Mitglieder können sich entfernen oder isolieren aufgrund von Streitereien oder eines Umzugs in eine entfernte Stadt, dennoch sind die einzelnen Teilnehmer immer noch Teil dieser Familie und eine Einheit.[46] Ganz besondere Gruppenmerkmale sind: starke persönliche Verschmelzung und Zuneigung zwischen den Gruppenmitgliedern, vielseitige Kontakte, Tendenz zu langer Dauer, kontinuierliche persönliche Interaktion.[47]

Dagegen ist die Sekundärgruppe gekennzeichnet von expliziten Interessen der Gruppenmitglieder, was auch ihre Bindung ausmacht, wie eine Art Zweckgemeinschaft die sich nur zusammengeschlossen hat, um ein gewisses Ziel zu erreichen, dies prägt nicht nur ihre Bindung, sondern auch eine spezifische Rollenverteilung.[48] Mit Sekundärgruppe sind beispielsweise Berufsgruppen gemeint oder ein Festkomitee das ein Schulfest organisieren. Die Sekundärgruppe ist also eher als „Mittel zum Zweck" zu sehen und geprägt von kürzerer Dauer, begrenzte/oberflächliche Kontakte und einer eher schwächeren Gruppenbindung und Zuneigung,[49] während die Primärgruppe, menschliche Basisbedürfnisse befriedigt und einen Lebenssinn gibt. Primärgruppen sind elementar für die Sozialisation des Einzelnen.[50]

Neben dieser Differenzierung von sozialen Gruppen gibt es noch weitere wie die Unterteilung in Eigen- und Fremdgruppen oder formelle und informelle Gruppen.[51] Eigen- und Fremdgruppen sind gekennzeichnet dadurch, dass es Gruppen gibt, zu denen sich Menschen zugehörig fühlen aufgrund des Wir-Gefühls und welche, zu denen man sich nicht zugehörig fühlt.[52]

Informelle Gruppen bilden sich beiläufig heraus, sie sind ohne eine spezifische Absicht oder Ziel ins Leben gerufen worden.[53] Emotionen, persönliche Interessen und Erwar-

---

[44] *Roggenthin* (2017), S. 25.
[45] *Schimank* (2020), S. 329.
[46] *Schimank* (2020), S. 329.
[47] *Roggenthin* (2017), S. 25.
[48] *Pries* (2019), S. 127.
[49] *Roggenthin* (2017), S. 26.
[50] *Korte/Schäfers* (2016), S. 160.
[51] *Roggenthin* (2017), S. 26.
[52] *Korte/Schäfers* (2016), S. 157–158.
[53] *Roggenthin* (2017), S. 26.

tungen stehen im Vordergrund.[54] Dennoch weisen sie eine klare Aufgabenverteilung auf und die Gruppengröße ist kleiner. Gruppenmitglieder erfahren hier Anerkennung, was wiederum den Selbstwert der Individuen steigert. Zwischenmenschliche Aspekte haben hier viel Raum, was in formellen Gruppen weniger Berücksichtigung findet. Damit ist ausgedrückt, dass sich informelle Gruppen, die klein gehalten sind, aus formellen Gruppen, die wiederum eine größere Menge an Teilnehmer:innen hat, entfalten können. Dadurch kann sich das soziale Klima in formellen Gruppen bessern, ebenfalls können informelle Gruppen deren Funktionalität behindern.[55] Beispiel hierfür wäre, aus dem Kollegium bildet sich eine Freundschaftsgruppe. Freundschaften können jedoch von Konflikten betroffen sein und darunter würde dann unter Umständen die professionelle Zusammenarbeit leiden.

Formelle Gruppen sind geplant und „stark strukturierte soziale Gebilde zur bestmöglichen Verwirklichung spezifischer Aufgaben" (Henecka, 1997, S. 124).[56] Die Zusammenführung der Mitglieder basiert auf einem Plan, um an ihr Ziel zu gelangen unterwerfen sie sich „arbeitsteiligen Regeln".[57] Zu finden sind diese Gruppen in beruflichen Bereichen, hier steht der Zweckcharakter im Vordergrund, genauso wie bei Sekundärgruppen. Persönliche Gefühle haben hier keinen großen Raum, es geht vielmehr darum, Leistungsnachweise zu erbringen, Regeln und Vorschriften einzuhalten. Somit sind die Handlungsabläufe eindeutig von Organisationsplänen, Geschäftsordnung und Satzungen geprägt,[58] so ist es häufig auch in geschlossenen Anstalten der Fall.

Abschließend soll ein Beispiel die bisherigen Ausführungen verdeutlichen und auf die Arbeit eines Sozialarbeiters in der stationären Jugendhilfe übertragen werden, damit ist die Heimerziehung gemeint.[59]

Das SGB VIII §34 Heimerziehung, sonstige betreute Wohnform, beschreibt dies.[60] Es ist eine Form von Hilfe zur Erziehung, Kinder und Jugendliche sind über Tag und Nacht in einer Einrichtung untergebracht.[61] Die Rollenzuteilung innerhalb der Gruppe lassen sich in Gruppenleitung, Betreuern und Klienten aufteilen. Die Betreuer arbeiten hier abwechselnd in Schichtdiensten - meist Tagdienste und Nachtbereitschaft, manche Einrichtung arbeiten auch noch mit dem 24 Std.-System- zur pädagogischen Betreuung, Begleitung und Arbeit in der Gruppe. Die Kinder- und Jugendlichen leben hier auf längere oder kürzere Zeit zusammen. Der Sozialarbeiter ist als Betreuer in der Wohn-

---

[54] *Schimank* (2020), S. 165.
[55] *Roggenthin* (2017), S. 26.
[56] *Roggenthin* (2017), S. 27.
[57] *Roggenthin* (2017), S. 27.
[58] *Roggenthin* (2017), S. 27.
[59] *Heidemann/Greving* (2011), S. 35.
[60] *Gesetze für die Soziale Arbeit* (2022), S. 1955.
[61] *Gesetze für die Soziale Arbeit* (2022), S. 1955.

gruppe tätig. Er ist sowohl Teil der gesamten Wohngruppe als auch Teil seines Kollegenteams. Die Ziele der Wohngruppe sind gesetzlich definiert, wobei die gemeinsame Alltagsgestaltung am meisten Raum einnimmt. Die Klienten werden durch pädagogische und therapeutische Angebote in ihrer Entwicklung gefördert. Ziel der stationären Jugendhilfe ist es, je nach familiären Umständen, die Klienten auf die Rückkehr in die Ursprungsfamilie zu ermöglichen. In vielen Fällen ist dies leider nicht möglich. In solchen Fällen wird dann langfristig mit den Klienten der Wohngruppe an der Vorbereitung auf ein selbstständiges Leben oder dem Übergang in eine Pflegefamilie gearbeitet.[62]

Die Sozialarbeiter:innen arbeiten nach einem bestimmen Konzept, dies gibt der Wohngruppe eine klare Struktur und hilft, die Qualität der Arbeit zu sichern. Dieses Konzept gilt als Voraussetzung, um die Erlaubnis für den Betrieb einer Einrichtung zu bekommen.[63]

Die Wohngruppe ist eine Eigengruppe, zu der der Sozialarbeiter gehört und sich im Optimalfall, zugehörig fühlt. Das Kollegenteam ist formell, weil es sich hierbei um einen Arbeitskontext handelt. Innerhalb dieses Teams herrscht eine gewisse Hierarchie: die Position der Gruppenleiter ist den anderen Betreuern übergeordnet. Des Weiteren gibt es in jeder Heimeinrichtung einen Arbeitsvertrag, den der Sozialarbeiter zu Beginn seines Arbeitsalltags unterschreibt, hier ist die genaue Stellenbeschreibung und Arbeitsbedingung definiert.[64] Trotz allem kann aus dem formellen Team, eine informelle Gruppe entstehen, wenn aus der Zusammenarbeit eine Freundschaft entsteht. Das ist in diesem Bereich nicht selten, der Heimbereich ist durch Beziehungsarbeit geprägt ist. Dies zeigt sich dadurch, dass die Wohngruppe für viele Kinder- und Jugendliche ein Zuhause darstellt, und die Betreuer ihre Klienten teilweise viele Jahre, manchmal sogar die gesamte Kinder- und Jugendzeit, begleiten.[65] Trotz dem formellen Arbeitskontext finden sich dennoch informelle Gruppenaspekte wieder. Eine Wohngruppe hat die Zuschreibung einer Kleingruppe, die Gruppengröße ist kleiner und es wird face-to-face interagiert. Da es sich um die Arbeitsstelle des Sozialarbeiters handelt, ist es für ihn eine Sekundärgruppe und dient dem Zweck, zum Beispiel seinen Lebensunterhalt zu finanzieren. Die Zusammenarbeit mit dem Team, den Kollegen, basiert auf einem gemeinsamen Ziel, wie oben bereits genannt. Die Unterbringung der Kinder und Jugendliche ist zeitlich begrenzt, genauso wie die Konstellation des Teams. Es ist nur realistisch, dass diese kollegiale Zusammensetzung nicht von ewiger Dauer ist. Für Klienten, die über viele Jahre hinweg in der Wohngruppe leben, ist diese ihr Zuhause. Daher ist

---

[62] *Gesetze für die Soziale Arbeit* (2022), S. 1955.
[63] *Gesetze für die Soziale Arbeit* (2022), S. 1966.
[64] *Schröer* et al. (2014), S. 174–175.
[65] *Heidemann/Greving* (2011), S. 39.

es für den Sozialarbeiter erstrebenswert die Rahmenbedingung einer Primärgruppe zu schaffen, vor allem für jüngere Klienten, um somit unmittelbar zur Sozialisation beizutragen. Nicht selten werden dafür gruppenstärkende Methoden, wie Erlebnispädagogik, Gruppennachmittage und sonstiges verwendet. Um ein bestmögliches und angenehmes Gruppenklima zu schaffen, damit sich ein „Wir-Gefühl" entwickeln kann.[66] Die Hilfe unterliegt nicht nur den Betreuern, es ist ein Zusammenspiel aus Klienten, Wohngruppe, Vormund und dem Jugendamt.[67]

---

[66] *Heidemann/Greving* (2011), S. 156–157.
[67] *Heidemann/Greving* (2011), S. 27–34.

3. OECD-Empfehlung zur Integration von Flüchtlingen und sonstigen Schutzbedürftigen

Die Organisation for Economic Co-operation and Development (auf Deutsch: Organisation für Wirtschaft Zusammenarbeit und Entwicklung, kurz OECD) ist eine internationale Organisation, mit dem Ziel eine Politik zu schaffen, die Wohlstand, Gerechtigkeit, Chancen und Lebensqualität für alle sichern und verbessern möchte. Sie erfasst Erfahrung und Erkenntnisse, die auf 60 Jahren Wissen basieren. Die OECD arbeitet im Zusammenspiel mit Regierung, politischen Entscheidungsträgern und Bürgern im Hinblick darauf, evidenzbasierte internationale Standards zu instituieren und für einige sozialen, wirtschaftlichen und ökologischen Herausforderungen eine Lösungsstrategie zu finden.[68]

Langjährige Erfahrung haben die OECD-Länder in Integration von Flüchtlingen, daher war es der Organisation möglich, auf Grundlagen von internationalen Praktiken, zehn Empfehlungen auf diesem Gebiet zu formulieren. Im dritten Kapitel der veröffentlichen OECD-Studie zur Arbeitsmarktintegration von Flüchtlingen in Deutschland (2017), sollen die aktuellen Rahmenbedingungen der Integration in Deutschland im internationalen Vergleich begutachtet werden, natürlich unter der Berücksichtigung der zehn Empfehlungen.[69] In diesem Aufgabenteil soll es speziell um die OECD-Studie zum obigen genannten Thema gehen. Zunächst erfolgt eine kurze Begriffserklärung damit hierüber Klarheit herrscht. Begriffe wie „Flüchtling", „Migrant" sowie „Asylbewerber" werden oft als Synonyme verstanden und verwendet. Innerhalb der Begriffe gibt es eine große Differenzierung, die von Relevanz ist, sowohl für das Verständnis als auch für die Akzeptanz des Asylsystems.

Migrant bzw. Zuwanderer ist ein Oberbegriff für „alle Personen, die mit der Absicht, dort längere Zeit zu bleiben, in ein anderes Land einreisen", d.h. nicht als Touristen oder Geschäftsreisende. „Er umfasst dauerhafte und temporäre Zuwanderer mit gültigem Aufenthaltstitel oder Visum, Asylbewerber sowie undokumentierte Migranten."[70] Der Begriff „Flüchtlinge" oder „internationale Schutzberechtigte" umfasst alle Individuen, deren Asylantrag bewilligt wurde, sie zählen zu der Gruppe der dauerhaften Zuwanderer. Somit wird ihnen eine Form von Schutz gewährt. Dieser kann „als anerkannter Flüchtling nach der Genfer Flüchtlingskonvention oder als Asylberechtigter nach

---

[68] *OECD* (2022).
[69] *OECD* (2017), S. 37–38.
[70] *OECD* (2017), S. 17.

dem deutschen Grundgesetz"[71] sein. Dies gilt ebenfalls für „subsidiär Schutzberechtig-te". Das sind „Personen, die zwar nicht die Anforderungen für die Anerkennung als Flüchtling erfüllen, denen aber ernsthafter Schaden drohen würde, wenn die in ihr Herkunftsland zurückgeschickt würden".[72] „Asylbewerber" haben einen Asylantrag gestellt, jedoch wurde noch nicht darüber entschieden, ob er bewilligt wird oder nicht. Deutschland verfügt über ein zweistufiges Registrierungssystem, „bei dem potenziellen Asylbewerber zunächst im Rahmen der Erstverteilung der Asylbegehrenden (EASY) erfasst wurden".[73] Wenn Personen sich weiterhin in Deutschland aufhalten, trotz der Ablehnung des Antrags, werden dies abgeschoben oder unter Umständen zu undokumentierten Migranten. Es gibt aber auch die Art von abgelehnten Asylbewerbern die aufgrund von z. B. Gesundheitsproblem oder sonstige amtlich festgelegte Hintergründe, nicht abgeschoben werden können. In diesem Fall erhalten jene eine Duldung, welche die Bescheinigung über die „Aussetzung einer Abschiebung" beinhaltet.[74]

Die OECD empfiehlt Personen mit einer hohen Bleibeperspektive, so früh wie möglich, Integrationsmaßnahmen anzubieten. Insbesondere sind Sprachkurse von Relevanz, allein schon für eine besser Kommunikation, welche die Wahrscheinlichkeit einen Arbeitsplatz zu finden steigern lässt. Bei einer durchgeführten Unternehmensbefragung im Jahr 2017, der OECD, dem Deutschen Industrie- und Handelskammertag und dem Bundesministerium für Arbeit und Soziales, gaben knapp 50% der Befragten an, dass selbst für geringqualifizierte Beschäftigung mindestens gute Sprachkenntnisse erforderlich sind.[75] Unzureichende Kenntnisse der deutschen Sprache ist ein häufiger Grund weshalb Asylbewerber und Flüchtlinge nicht eingestellt werden. Aufgrund dieser Wichtigkeit des Spracherwerbs, hat die Bundesrepublik Deutschland in den vergangenen Jahren eine Vielzahl an Maßnahmen eingeführt, die Asylbewerbern und Geduldete den Zugang zur Sprachförderung erweitern und bietet Integrationskurse für Personen mit hoher Bleibeperspektive an. Dieser Kurs umfasst einen Sprachkurs mit 600 Unterrichtseinheiten, sowie einen Orientierungskurs mit 100 Unterrichtseinheiten.[76] Jedoch haben sich die Wartezeiten auf einen Integrationskurs aufgrund des wachsenden Zustroms von Asylbewerbern verlängert.[77] Aus diesem Grund wäre es wichtig zum einen das Angebot an Kurse zu erweitern und zum anderen dem Lehrermangel zu begeben und ergänzende Angebote zum Integrationskurs zu schaffen, wie beispielsweise einen Online-Sprachkurs. Dieser könnte auch noch nach dem Integrationskurs – oder ergän-

---

[71] *OECD* (2017), S. 17.
[72] *OECD* (2017), S. 17.
[73] *OECD* (2017), S. 17.
[74] *OECD* (2017), S. 17.
[75] *OECD* (2017), S. 38.
[76] *OECD* (2017), S. 39.
[77] *OECD* (2017), S. 40.

zend - genutzt werden, um Sprachkenntnisse zu erweitern oder auch berufsspezifische Begriffe zu erlernen.[78] Zuletzt werden Abschlussprüfungen abgenommen, welche als Nachweis für die erworbene Sprachkompetenz, sowie der Einschätzung des Sprachniveaus, dienen. Im besten Fall sollte diese vom BAMF (Bundesamt für Migration und Flüchtlinge) gestellt werden, da auch alle anderen vom Bund finanzierten Sprachförderungsprogramme dort verwaltet werden.[79]

Die zweite Empfehlung der OECD lautet: „Den Arbeitsmarktzugang für Asylbewerber mit hoher Bleibeperspektive zu erleichtern."[80] Die Resultate der anderen OECD-Ländern sagen aus, je früher ein Flüchtling in den Arbeitsmarkt tritt, desto besser wird eine langfristige Integrationschance sein. In jedem Land gelten für Asylbewerber bestimmte Auflagen, die verhindern sollen, dass Asyl nur aus dem Grund beantragt wird, um einen Zugang zum Arbeitsmarkt erhalten.[81] Für den Arbeitgeber, die Asylbewerber einstellen möchten, sind damit erhebliche Bürokratiekosten verbunden. Asylbewerber müssen für die Genehmigung einer Beschäftigung einen Antrag bei der lokalen Auslandsbehörde stellen, in manchen Fällen wird hier ebenfalls die Zustimmung der Bundesagentur für Arbeit (BA) erforderlich, das Verfahren ist also relativ komplex.[82] Es ist nötig für die Entlastung des Arbeitsmarktzugangs für Asylbewerber ein ausgeglichenes Verhältnis zwischen Schutzmaßnahmen und rationalisierten sowie effizienten bürokratischen Abläufen aufrechterhalten, damit potenzielle Arbeitgeber nicht abgeschreckt werden.[83] Im Jahre 2014 wurden die Wartezeiten von der Bundesregierung, für den Arbeitsmarktzugang von Asylbewerbern und Geduldeten auf drei Monate nach dem Stellen eines Asylantrags verkürzt. Asylbewerber die in einer Landeserstaufnahmeeinrichtung (LEA) untergebracht sind, dürfen jedoch keine Arbeitsbeschäftigung ausüben.[84] Die Transparenz der Entscheidung der Ausländerbehörde ist von großer Bedeutung, diese verfügen nämlich über einen großen Ermessensspielraum.[85] Dies betrifft auch die Umsetzung der im Integrationsgesetz festgelegten „3 plus 2"-Regel. Diese sagt aus, dass Asylbewerber, die in einem Ausbildungsverhältnis stehen, eine dreijährige Duldung erhalten. Nach der Beendigung aber noch 2 weitere Jahre geduldet werden, unter der Voraussetzung, dass sie unmittelbar nach ihrem Abschluss eine Arbeitsstelle finden. Jedoch wird diese Regelung noch nicht in allen Bundesländern

---

[78] *OECD* (2017), S. 41–42.
[79] *OECD* (2017), S. 42–43.
[80] *OECD* (2017), S. 37.
[81] *OECD* (2017), S. 44.
[82] *OECD* (2017), S. 45.
[83] *OECD* (2017), S. 45.
[84] *OECD* (2017), S. 45.
[85] *OECD* (2017), S. 47.

gleich gehandhabt. Die Sicherstellung einer einheitlichen, bundesweiten und transparenten Umsetzung muss erfolgen.[86]

Empfehlung drei meint „Beschäftigungsaussichten bei der Verteilung berücksichtigen".[87] Ein außer Acht zu lassender Punkt bei der Verteilung von Flüchtlingen ist der Wohnraum. Leider sind die Unterbringungen in Gebieten mit einem höheren Arbeitsmarktbedarf eher spärlich aufgrund der hohen Kosten, preiswerter Wohnraum dagegen ist in Regionen mit schwächerem Arbeitsmarkt zu finden. Anhand der geflüchteten in Schweden lässt sich jedoch bestätigen, dass es entscheiden ist, Asylbewerber auf Regionen zu verteilen die gute Chancen auf Integration und Arbeitsmarkt bieten.[88] Nachdem die Verteilungspolitik, welche soll zu einer gleichmäßigen Verteilung der Asylbewerber führen soll, ihre Priorität auf den Arbeitsmarkt legte, stieg innerhalb von acht Jahren die Beschäftigungsquote um 6% an und das Einkommen um 25%.[89] In der Bundesrepublik werden Asylbewerber den Bundesländern zugeteilt, zu ⅔ entsprechen der Steuereinnahmen und ⅓ anhand der Bevölkerungszahl. So wird überwiegend mittels der Einwohnerzahl verteilt. Diese Methode wird auch auf Landesebene verwendet und damit anhand der Einwohnerzahl und nicht auf der Basis von Beschäftigungschancen verteilt.[90]

Eine weitere Empfehlung stützt sich auf eine bessere Verwendung der Kompetenzen von Asylbewerbern und Geflüchteten, dazu zählt das Beurteilen und Erfassen von Qualifikationen und Erfahrungen im Ausland oder Herkunftsland.[91] Die Zuwanderer haben seit 2012 einen Anspruch darauf, dass ihre Berufsqualifikationen, die sie im Ausland erworben haben, auf Anerkennung geprüft werden. Darin wird geprüft, ob deren Qualifikationen den deutschen gleichwertig sind. Das bedeutet, dass die Zuwandere eine Bestätigung, Urkunde oder dergleichen benötigen, die als Nachweis dienen. Keine leichte Sache, denn viele von ihnen verfügen über keinen oder nur über einen begrenzten Nachweis. Außerdem lässt diese Regelung außer Acht, dass berufliche Kompetenzen nicht selten auf dem informellen Weg erworben werden.[92] Aus diesem Grund wurden Pilotprojekte in Deutschland eingeführt, um Kompetenzen von Geflüchteten ohne formalen Nachweis beurteilen zu können.[93] Trotz einer positiven Entwicklung der Kompetenzfeststellung, findet diese meist auf Pilot- oder Landesebene statt. Diese Art von Maßnahme sollte standardisiert und transparent sein, ansonsten wird es

---

[86] *OECD* (2017), S. 47.
[87] *OECD* (2017), S. 37.
[88] *OECD* (2017), S. 48.
[89] *OECD* (2017), S. 48.
[90] *OECD* (2017), S. 48–49.
[91] *OECD* (2017), S. 52.
[92] *OECD* (2017), S. 52–53.
[93] *OECD* (2017), S. 53–54.

für den Arbeitgeber undurchsichtig. Es ist unabdingbar die Arbeitgeber einzubeziehen bei der Beurteilung, welche Projekte Bundesweit ausgebaut werden sollen, damit die Kompetenzfeststellungsverfahren durch Qualifizierungsmaßnahmen komplettiert wird.[94] Es wäre relevant, Daten über die Wirkung der Pilotenprojekte zu sammeln, um zu beurteilen, welche von Nutzen und ausgebaut werden sollen. Ergänzend dazu wird eine pragmatische Lösung benötigt, in denen die anerkannten Kompetenzen aufgelistet werden, wie zum Beispiel ein standardisierter Lebenslauf.[95]

Die fünfte Empfehlung der OECD beinhaltet die gezielte Eingliederungsmaßnahme für Zuwanderer. Sie bezieht sich auf die Heterogenität hinsichtlich der Berufs- und Bildungshintergrunds von Asylbewerbern und Flüchtlingen. Dies ist zu übertragen auf die Sprachförderung und berufliche Bildung. Teilnehmer, die nicht dem Niveau des Kurses entsprechen, können diesen als demotivierend empfinden. Daher bietet Deutschland für geringqualifizierte Geflüchtete, verschieden Maßnahmen an, um für jede Gruppe ein passendes Angebot stellen zu können.[96] Demnach wird der Integrationskurs in speziellen Formen zur Verfügung gestellt wie zum Beispiel, für junge Erwachsene, Eltern, Frauen, nicht alphabetisierte Migranten, und als Intensivkurs für Schnelllernende angeboten. Hier werden die Inhalte sowie Länge individuell auf die jeweiligen Adressaten angepasst. Die Angebote müssen jedoch weiter ausgebaut werden, da die Nachfrage höher ist, als die Angebote der Intensivkurse und stärker auf das sprachliche Interesse abgestimmt werden.[97] Die Flüchtlingsmigrationsmaßnahme (FIM) wurde im Sommer 2016 ins Leben gerufen. Hier sollen Asylbewerber erste Arbeitserfahrungen in Deutschland sammeln. Die Arbeitsgelegenheiten werden niedrigschwellig angeboten, diese entsprechen aber keinem regulären Beschäftigungsverhältnis. Nur kommunale oder anderen staatliche, gemeinnützige Träger können die FIM anbieten. Die Entlohnung der Teilnehmer beträgt eine Pauschale von 0,80€ auf die Stunde. Bei höheren Aufwendungen werden diese zusätzlich erstattet.[98] Bislang ist es unklar, ob die Maßnahme nur zur Beschäftigung dient. „Das Konzept der FIM, sollte sicherstellen, dass die Teilnehmer:innen ihre Kompetenzen steigern können", auch hier ist unklar, ob das der Fall ist.[99] Im Bereich der selbstständigen Flüchtlinge gibt es nur wenige Pilotprojekte, die gezielte Unterstützung anbieten. Es wäre notwendig weitere Anstrengungen in Zusammenarbeit mit den Jobcentern und den Arbeitsagenturen zu bestreben, um zu

---

[94] *OECD* (2017), S. 55–56.
[95] *OECD* (2017), S. 56.
[96] *OECD* (2017), S. 56.
[97] *OECD* (2017), S. 57–58.
[98] *OECD* (2017), S. 59.
[99] *OECD* (2017), S. 59.

sichern, dass Geflüchtete Unterstützung erhalten, damit diese eine selbstständige Tätigkeiten erhalten aufnehmen können.[100]

Empfehlung Numero sechs bezieht sich auf die Gewährleistung der Förderung von „unbegleiteten minderjährigen Flüchtlingen" (UMF). Diese Gruppe ist besonders gefährdet, da sie außerordnete Förderung benötigt, wie zum Beispiel: eine spezialisierte Unterbringung, einen Vormund oder einer Lernförderung außerhalb des regulären Schulsystems. Die Aufnahme von UMFs, ist daher weitaus kostspieliger als bei anderen Gruppen.[101] Dazu kommt, dass bei Antragstellung auf Asyl - hier muss der Vormund zugestimmt haben – die UMFs meist kurz vor der Volljährigkeit stehen. Dann besteht eine immense Hürde abzusichern, dass Grundkompetenzen erworben wurden. Diese sind jedoch nötig für eine dauerhafte Integration auf dem Arbeitsmarkt. Ein Antrag auf gezielte Fördermaßname für UMF macht also Sinn, wenn diese über die Volljährigkeit, also dem 18. Lebensjahr, weitergeführt wird.[102]

Die siebte Empfehlung ist „Die Zivilgesellschaft nutzen, um die Arbeitsmarktintegration zu erleichtern"[103] Eine elementare Rolle spielt die Zivilgesellschaft bei der Entlastung der Arbeitsmarktintegration von Geflüchteten und Asylbewerben. Nichtregierungsprogramme, lokale Initiativen, Sozialpartner und Migrantenverbände tragen in Deutschland zur Integration von Migranten bei, oft sind diese Maßnahmen staatlich finanziert. Die Zivilgesellschaft engagiert sich dort, wo staatliche Mittel nicht mehr genügen oder zu langsam ausgebaut werden.[104] Zur Erleichterung der Arbeitsmarktintegration leisten auch die Industrie- und Handelskammern einen wichtigen Beitrag. Sie liefern Informationen über das Einstellungsverfahren sowie Fördermöglichkeiten an ihren Mitgliedern. Ein gutes Beispiel hierfür ist das Netzwerk „Unternehmen integrieren Flüchtlinge", dieses liefert Neuigkeiten über Rechtsfragen sowie ein Forum über den Austausch von Erfahrungen. Knapp 1200 Firmen sind Mitglieder in diesem Netzwerk.[105] Zudem gab es Hilfe bei der Erstellung eines Lebenslaufs, andere boten wiederum IT-Schulungen während des Berufsverfahrens an. Die OECD empfiehlt, diese IT-basierte Einbeziehung sollte beobachtet werden, um einschätzen zu können, inwiefern diese Strategie effektiv zur Arbeitsmarktintegration beitragen. Diese Programme sind in der Bunderepublik Deutschland am Alltag orientiert und bedürfen eher einer umfassenden Förde-

---

[100] *OECD* (2017), S. 61.
[101] *OECD* (2017), S. 62.
[102] *OECD* (2017), S. 63–64.
[103] *OECD* (2017), S. 65.
[104] *OECD* (2017), S. 65.
[105] *OECD* (2017), S. 65–66.

rung. Relevant ist hier das Potenzial von zivilgesellschaftlichen Initiativen zu fördern und diese auszuschöpfen.[106]

Die achte und letzte Empfehlung richtet sich auf eine Verbesserung der Koordinierung zwischen allen Beteiligten. Die ressortübergreifende Politikaufgabe von Integration in den Arbeitsmarkt, umfasst eine Vielzahl von Akteuren, dazu zählen die „Kommunen, die öffentliche Arbeitsmarktverwaltung, die Ausländerbehörden, die Sozialpartner und Anbieter von Sprachkursen sowie die Migrantenverbände und Freiwillige".[107] Akteure sollten trotz differenzierten institutionellen Zielen zusammenarbeiten, da dies die Effizienz erhöht. [108] Für die Integration von Asylbewerbern, in Deutschland ist die Bundesagentur für Arbeit (BA) zuständig. Sowie das Jobcenter für die Betreuung von Flüchtlingen zuständig ist. Wenn der Flüchtlingsstatus anerkannt wurde, wird die Zuständigkeit von der BA auf das Jobcenter übertragen. Eine Schwierigkeit hierbei ist, dass es kein standarisiertes Verfahren für den Ablauf des Übergangs gibt. Ein standardisierter Mechanismus würde die Arbeit der Institutionen hierbei erleichtern bzw. vereinheitlichen. Alternativ könnte dem Jobcenter auch beide Zuständigkeiten übertragen werden.[109] Integrationskurse und berufsbezogene Sprachkurse liegen im Aufgabenbereich der BAMF, divergent dazu könnte das Jobcenter in den Planungsprozessen von Sprach- und Integrationskursen einbezogen werden. Im Hinblick auf den großen Aufgabenbereich (im Jahr 2016 waren die BAMF für 3000 Kursteilnehmer zuständig) wäre es notwendig die Jobcenter in Planungsprozessen zu berücksichtigen.[110]

Das Ausländerzentralregister (AZR) ist zuständig, um administrative Informationen über Asylbewerber und Flüchtlinge zu liefern. Ende Januar 2017 waren die Qualifikationen und Kompetenzen von ca. 36.000 Personen registriert, dennoch ein geringer Anteil der Neuzuwanderer. Es macht den Anschein, dass weitere Anstrengungen notwendig sind um einen zentralisieren Datensatz auszubauen. Es wäre viel gewonnen, wenn die Datenerfassung benutzerfreundlich gestaltet wird, ohne komplexe Kodierung. Eine Schwierigkeit ist dabei auch, die detailreichen Informationen, die für diesen Prozess abverlangt werden. Dadurch kann es unter Umständen schnell zu fehlenden Informationen führen.[111]

---

[106] *OECD* (2017), S. 66.
[107] *OECD* (2017), S. 66.
[108] *OECD* (2017), S. 66–67.
[109] *OECD* (2017), S. 67.
[110] *OECD* (2017), S. 67–68.
[111] *OECD* (2017), S. 68.

Literaturverzeichnis

Abels, H. (2019), Der Blick auf die Gesellschaft, 5. Aufl., Wiesbaden, Heidelberg.

Abels, H. (2020), Soziale Interaktion, Wiesbaden.

Endruweit, G. (Hrsg.) (2014), Wörterbuch der Soziologie, 3. Aufl., Konstanz.

Feldmann, K. (2006), Soziologie kompakt. Eine Einführung, 4. Aufl., Wiesbaden.

Gesetze für die Soziale Arbeit (Hrsg.) (2022), Textsammlung, 11. Aufl., Baden-Baden.

Heidemann, W. H./Greving, H. (2011), Praxisfeld Heimerziehung. Lehrbuch für sozial-
pädagogische Berufe, Köln.

Käsler, D. (2014), Max Weber. Eine Einführung in Leben, Werk und Wirkung, 4. Aufl.,
Frankfurt am Main.

Klein, I. (2017), Gruppen leiten ohne Angst. Themenzentrierte Interaktion (TZI) zum
Leiten von Gruppen und Teams, 16. Aufl., Augsburg.

Korte, H./Schäfers, B. (Hrsg.) (2016), Einführung in Hauptbegriffe der Soziologie,
9. Aufl., Wiesbaden.

OECD (2017), Arbeitsmarkt - Integration von Flüchtlingen in Deutschland, PDF.

OECD (2022), Über uns, in: https://www.oecd.org/about/, abgerufen am 19. 12. 2022.

Pries, L. (2014), Soziologie. Schlüsselbegriffe, Herangehensweisen und Perspektiven,
Weinheim, Basel.

Pries, L. (2019), Soziologie. Schlüsselbegriffe, Herangehensweisen, Perspektiven,
4. Aufl., Weinheim, Basel.

Roggenthin, K., Studienbrief SRH Fernhochschule. Allgemeine Soziologie - Einführung, Studienbrief, 2017. Jg., 1315-01.

Schimank, U. (2020), Gruppen und Organisationen, 4. Aufl., Frankfurt am Main.

Schneider, W. L. (2002), Grundlagen der soziologischen Theorie, Opladen.

Schröer, W./Rätz, R./Wolff, M. (2014), Lehrbuch Kinder- und Jugendhilfe. Grundlagen,
Handlungsfelder, Strukturen und Perspektiven, 2. Aufl., Weinheim.

Weber, M. (1922), Wirtschaft und Gesellschaft. Grundriss der verstehenden Soziologie,
in: www.textlog.de/weber_wirtschaft.html., abgerufen am 12. 12. 2022.

Weber, M. (2019), Soziologische Grundbegriffe, Ditzingen.